Japanische Mythologie für Einsteiger

Erleben Sie die spannenden Sagen Japans und entdecken Sie Schritt für Schritt die Kultur des Landes Japan

Tobias Kuhn

INHALT

Das erwartet Sie in diesem Buch

Aus europäisch-westlicher Sicht erscheint vieles, was mit dem Staat Japan, einschließlich seiner Geschichte und Kultur und der dort lebenden Menschen zusammenhängt, nicht nur fremd, sondern auch in gewisser Weise unzugänglich und unverständlich. Diejenigen, die sich nicht explizit damit beschäftigen, haben häufig keinerlei Bezug zu Japan. Das gilt selbstverständlich auch für die japanische Mythologie. Im Gegensatz zur griechisch-römischen oder nordisch-germanischen Mythologie ist der Kenntnisstand darüber im Westen eher gering.

Die enorme geografische und kulturelle Distanz sorgt dafür, dass es eher unwahrscheinlich ist, eine oder gar mehrere Personen im näheren Umfeld zu haben, die sich mit dieser Thematik auskennen. Mit anderen Worten: Es handelt sich hierzulande um ein Nischeninteresse. Haben Sie Interesse daran, in dieser Richtung die eine oder andere Bildungslücke zu füllen? Vielleicht besitzen Sie bereits etwas grundlegendes Wissen über Japan und möchten sich als Nächstes mit der dortigen Mythologie befassen, oder Sie sind allgemein daran interessiert, wie sich die Prägung verschiedener Kulturen auf der Welt durch ihre jeweiligen Mythologien äußert.

In jedem dieser Fälle haben Sie beim Kauf dieses Buches die richtige Entscheidung getroffen. Die kulturellen Eigenarten der Welt sind vielfältig und jede von ihnen ist für sich spannend und bietet dem Beobachter viel Interessantes. Japan bildet dabei keine Ausnahme. Und darum soll es in diesem Buch gehen.

Da sich der Inhalt dieses Buches an Einsteiger richtet, möchte ich darauf verzichten, zu sehr auf nebensächliche Einzelheiten einzugehen und Details anzugeben, die nur für professionelle Japanologen relevant sind. Da ich sprechende Namen übersetze und historische Hintergründe und Kontexte erklären werde, sind Kenntnisse der japanischen Sprache oder Geschichte in keiner Weise vorausgesetzt. Stattdessen soll dieses Buch fachfremden Lesern einen Überblick über den ganzen Themenkomplex verschaffen, der mit dem Stichwort „japanische Mythologie" zusammenhängt. Das beinhaltet bei Weitem nicht nur die Mythen und Sagen an sich. Sie erfahren alles über Grundbegriffe, die für die Beschäftigung mit dem Thema unumgänglich sind. Vor welchem Hintergrund die japanische Mythologie zu betrachten ist, wovon die mythologischen Erzählungen handeln, wie sie gedeutet werden, in welchen literarischen Werken sie primär aufgezeichnet sind und noch vieles mehr.

Grundlagen

SHINTŌ

Obwohl Japan seit der vollständigen Säkularisierung, die der Regierung des Landes im Jahr 1945 nach dem Ende des Zweiten Weltkriegs vonseiten der amerikanischen Besatzung zwangsweise auferlegt wurde, keine offiziell festgelegte Staatsreligion mehr besitzt, gibt es dennoch zwei Glaubensrichtungen, die unter der japanischen Bevölkerung mit Abstand am populärsten und am stärksten vertreten sind: Einerseits ist es der Buddhismus, genauer gesagt seine japanische Ausprägung, welche sich von den auf dem asiatischen Festland zu findenden unterscheidet, und andererseits der Shintō (in fachfremden Kreisen auch unter der weniger zutreffenden Bezeichnung „Shintōismus" bekannt).

Möglicherweise ist Ihnen aufgefallen, dass ich an dieser Stelle bewusst den Begriff „Glaubensrichtungen" anstelle von „Religionen" verwendet habe. Auf diese Frage, ob es sich bei Shintō überhaupt um eine Religion handelt, bzw. ob Shintō in geisteswissenschaftlicher Literatur als solche bezeichnet und dementsprechend behandelt werden sollte, gibt es auch innerhalb der Japanologie keine eindeutig richtige Antwort; die Meinungen diesbezüglich gehen auseinander.

Doch nicht nur in der Japanologie im Allgemeinen kommen bezüglich Shintō Schwierigkeiten mit der Begriffsdefinition auf. Auch für dieses Buch im Speziellen sorgt die Stellung des Shintō in Japan dafür, dass es stellenweise schwierig ist, abzugrenzen, was zur japanischen Mythologie zu zählen ist und was nicht. Die meisten mythologischen Erzählungen, die sich als shintōistisch bezeichnen lassen, sind so untrennbar mit dem japanischen Alltagsleben verbunden, dass ein Unterschied zwischen japanischer Mythologie und Shintō-Mythologie oft nicht erkennbar ist.

Genau wie japanische Traditionen und Shintō-Traditionen sind beide Begriffe oftmals als nahezu identisch zu betrachten, sodass es schwerfällt oder manchmal schlicht unmöglich ist, ein bestimmtes Phänomen als ausschließlich japanisch oder shintōistisch einzuordnen, weil charakteristische japanische Eigenarten meist shintōistischen Ursprungs sind oder zumindest stark mit Shintō in Zusammenhang stehen. Dadurch, dass fast jede kulturelle Tradition der japanischen Geistesgeschichte in irgendeiner Weise durch shintōistische Elemente beeinflusst ist, wäre es möglich und legitim, sie alle als eine kollektive Mythologie zu behandeln. Jedoch wäre es, insbesondere für einen Einsteiger, hochgradig verwirrend und unübersichtlich, zu versuchen, sich mit all diesem Inhalt auf einmal zu beschäftigen. Von einer solch ungeheuren Menge an Informationen, wie Namen, Geschichten und Konzepten erschlagen zu werden, wäre eher abschreckend und somit für die Beschäftigung mit dem Thema alles andere als förderlich.

Ich habe mich aus diesem Grund dazu entschieden, das, was man im Großen und Ganzen als „reine" Shintō-Mythologie definieren könnte, in den Mittelpunkt zu stellen. Alles, was damit zusammenhängt, werde ich zuerst behandeln und erst zum Abschluss kurz auf andere mythologische Vorstellungen eingehen.

KOSMOS DER JAPANISCHEN MYTHOLOGIE

Im Voraus sind außerdem noch einige kurze Begriffs-definitionen notwendig. In der japanischen Mytholo-gie ist zu absolut jedem Zeitpunkt von den Kami die Rede. Das japanische Wort „Kami" wird bei Übersetzungen japanischsprachiger Texte in westliche Sprachen häufig zu „Gott/Götter". Diese Übersetzung ist zwar je nach Text in manchen Fällen angemessen, aber im japanischen Sprachgebrauch sind auch Übersetzungen wie „Seele/n", „Naturgeist/er", „Essenz/en" oder „Heiligkeit" möglich. Im Zusammenhang mit Shintō sind in gewisser Weise alle diese Bedeutungen zutref-fend. Zudem handelt es sich bei den Kami nicht nur um Existenzen übernatürlicher oder anderweltlicher Her-kunft, sondern auch um verstorbene Urahnen oder Herrscher. Auch kommt es vor, dass Pflanzen, Gegen-stände oder auch einzelne Teile von anderen Kami als Kami verstanden werden. Da es kein deutschsprachi-ges Wort gibt, das all diese Bedeutungen vereint und somit wirklich exakt dieselben Konnotationen besitzt, werde ich den japanischen Begriff unübersetzt ver-wenden.

Weiterhin ist es zum Verständnis vorteilhaft, zu verstehen, wie die Welt laut der japanischen Mythologie aufgebaut ist. Sie setzt sich aus dem Himmel, Takamagahara (wörtlich „hohe Ebene des Himmels") genannt, und der Erde zusammen. Wo genau sich der Himmel befindet, wird nie genauer erwähnt. Möglicherweise ist der tatsächliche Himmel gemeint, aber es gibt auch Interpretationen, laut denen sich die Mythologie auf Orte in Japan bezieht, die weit entlegen und von der menschlichen Zivilisation entfernt sind, vornehmlich Gebirge.

Himmel und Erde sind voneinander getrennt und durch eine frei schwebende Brücke, genannt Ama no Ukihashi (wörtlich „Schwebebrücke des Himmels") miteinander verbunden. Unter der Erde liegt die Unterwelt bzw. Totenwelt, Yomi (der etymologische Ursprung des Wortes ist nicht bekannt, weshalb es eher als Eigenname ohne Bedeutung zu verstehen ist), in die alle Verstorbenen kommen, unabhängig von ihrer Lebensweise. Darüber hinaus existiert noch ein weiterer, in westlichen Übersetzungen ebenfalls oft als Unterwelt bezeichneter Ort namens Ne no Kuni (wörtlich „Wurzelland"). Je nach Überlieferung ist dieser Ort entweder identisch mit der Yomi genannten Unterwelt oder es handelt sich um eine andere niedere Welt, ein

Totenreich, aus dem das Leben neu erblüht. Wenn im Folgenden von der Unterwelt die Rede ist, ist immer Yomi gemeint, das Wurzelland wird der Eindeutigkeit zuliebe immer als solches benannt.

Zu Beginn leben die meisten Kami im Himmel und betreten die Erde, wenn überhaupt, nur zeitweise, bevor sie in den Himmel zurückgehen, sterben und somit in die Unterwelt kommen oder „sich zurückziehen", was meistens nur bedeutet, dass sie ab diesem Punkt nicht mehr in der Erzählung vorkommen. Später leben mehrere Kami auf der Erde und werden von denen im Himmel abgegrenzt.

Japan liegt selbstverständlich auf der Erde. Da der japanische Staat zur Entstehungszeit der Mythologie noch nicht unter diesem Namen und in seiner modernen Form existierte, wird die Gruppe von Inseln, die das heutige Japan bildet, in zu unterschiedlichen Zeiten entstandenen Mythen mit unterschiedlichen Namen benannt. Teils sind dies sehr poetische Umschreibungen, wie Ashihara no Nakatsukuni (wörtlich „Land innerhalb der Schilfebenen") oder Toyoashihara no Mizuho no Kuni (wörtlich „Land der jungen Reisähren auf den reichhaltigen Schilfebenen"), teils aber auch die Namen ehemaliger Provinzen innerhalb Japans, die manchmal als Synonym für ganz Japan oder für die ganze Welt verwendet werden. Das liegt daran, dass viele lokale Erzählungen und Anekdoten mit der Zeit in die gesamtjapanische Mythologie eingegliedert wurden und in diesen Erzählungen oft nur der Name ihres Ursprungsortes genannt wird, wenn die menschliche Welt gemeint ist. Besonders häufig wird die historische Provinz Izumo erwähnt, die im östlichen Teil der heutigen Präfektur Shimane lag.

Die mythologische Erzählung

KUNIUMI UND KAMIUMI

Die Narrative der japanischen Mythologie beginnt mit der Entstehung des Universums. Die Ursache dieser Entstehung wird nicht genauer benannt und zu Beginn befindet sich das Universum in einem chaotischen, formlosen Zustand. Etwa zum selben Zeitpunkt entstehen aus dem Nichts fünf Generationen von Kami, die sogenannten Koto Amatsukami (wörtlich „distinguiert himmlische Kami"). Der Himmel und die Erde entstehen und trennen sich voneinander.

Die Erde existiert somit bereits, besteht allerdings nur aus Meer und besitzt noch kein Land. Nach der Entstehung von Himmel und Erde kommen sieben weitere Generationen, die sogenannten Kamiyo Nanayo (wörtlich „sieben Generationen des Zeitalters der Kami") hinzu. Während die fünf Generationen der Koto Amatsukami und die ersten zwei Generationen der Kamiyo Nanayo nur aus jeweils einem geschlechtslosen Kami bestehen, der spontan erschienen ist und sich nicht fortpflanzt, setzen sich die späteren fünf Generationen der Kamiyo Nanayo jeweils aus zwei Geschwistern zusammen, einem männlichen und einem weiblichen Kami, die gemeinsam die jeweils nächste Generation ins Leben rufen.

Es folgt die als Kuniumi (wörtlich „Geburt des Landes") bekannte Ära, in der der Beginn der Existenz unserer Welt einzuordnen ist. Der Mythos spricht von den beiden Kami Izanagi no Mikoto (wörtlich „der Einladende"; im Folgenden Izanagi) und Izanami no Mikoto (wörtlich „die Einladende"; i. F. Izanami), die als siebte und letzte Generation der Kamiyo Nanayo zugleich Geschwister und ein Paar sind. Von ihren Vorgängern erhalten sie die Verantwortung darüber, das Land zu erschaffen. Sie betreten die Brücke, die Himmel und Erde miteinander verbindet. Von dort aus erschaffen sie die erste Landmasse der Geschichte, indem sie die Oberfläche des Wassers mit einem juwelenbesetzten Speer berühren, das Wasser umrühren und den

Speer anschließend über das Wasser heben, sodass einige Salzwassertropfen auf die Wasseroberfläche zurück fallen und dabei zur Insel Onogoroshima (wörtlich „von selbst geronnene Insel") werden.

Izanagi und Izanami betreten selbst dieses Land, errichten einen Palast, der durch eine Säule des Himmels gestützt wird und heiraten dort. Aufgrund eines Fehlers beim Ablauf des Hochzeitsrituals kommt ihr erstes Kind, ein Sohn, unvollkommen zur Welt. Er ist je nach Quelle entweder nur gehbehindert oder besitzt keine Arme und Beine oder sogar keine Knochen. Wegen dieses charakteristischen Aussehens wird er von ihnen Hiruko (wörtlich „Blutegelkind") genannt und auf einem kleinen Boot auf dem Meer ausgesetzt.

Nachdem sich Izanagi und Izanami bei den anderen, noch im Himmel lebenden Kami Rat holen, wiederholen sie die Zeremonie auf die richtige Weise und Izanami gebärt nacheinander die meisten Inseln Japans, was die Kuniumi abschließt und den Weg für die sogenannte Kamiumi (wörtlich „Geburt der Kami") ebnet.

Im Anschluss an die japanischen Inseln bringt Izanami auch zahlreiche Kami zur Welt. Verschiedene Quellen sprechen von Zahlen zwischen 800 und 800 Millionen. Das letzte ihrer Kinder ist Hi no Kagutsuchi (wörtlich „leuchtende Kraft"; i. F. Kagutsuchi), der Kami des Feuers. Je nach Überlieferung besteht Kagutsuchis Körper entweder vollständig aus Flammen oder er stößt permanent Feuer aus, weshalb er seiner Mutter bei der Geburt so schwere Verletzungen zufügt, dass sie an ihnen stirbt und begraben werden muss. In seinem Zorn tötet Izanagi seinen Sohn Kagutsuchi. Aus dessen Überresten entstehen weitere Kami und als Izanagi seinen Körper mit einem Schwert in acht Stücke zerteilt, werden diese zu acht Vulkanen.

Izanagi, von dem Wunsch getrieben, seine Frau wiederzusehen, begibt sich in die Unterwelt, wo er sie schließlich finden kann. Sie äußert den Wunsch, dass er sie nicht ansieht, da sie bereits von den Früchten der Unterwelt gegessen hat und von ihnen verändert wurde. Als er diese Bitte missachtet und nachts versucht, heimlich einen Blick auf die schlafende Izanami zu werfen, muss er entsetzt feststellen, dass ihr ehemals schönes äußeres Erscheinungsbild zu dem einer verrottenden und zerfressenen Leiche geworden ist.

Sein Schrei weckt Izanami auf und Izanagi flieht, von ihr und einer Horde von Kriegern verfolgt, aus der Unterwelt, was ihm unter anderem mithilfe dreier Pfirsiche von einem nahegelegenen Baum gelingt. Am Eingang zur Unterwelt angekommen, treffen sich sein

Blick und der Izanamis zum letzten Mal, bevor er den Eingang mithilfe eines Felsens verschließt. Aus Rache legt Izanami das Gelübde ab, jeden Tag 1000 Menschen sterben zu lassen, woraufhin Izanagi schwört, jeden Tag für das Zustandekommen von 1500 Geburten zu sorgen.

Da er sich in der Unterwelt aufgehalten hatte und den Zustand, in dem sich Izanami befand, sehen musste, führt Izanagi in einem Fluss ein Ritual zur Reinigung durch. Aus seinen abgelegten Kleidern sowie beim Abwaschen der Verunreinigungen aus der Unterwelt mit dem Flusswasser entstehen mehrere Kami. Unter diesen sind die letzten drei besonders wichtig zu erwähnen: Der Kami der Sonne, Amaterasu-Ōmikami (wörtlich „den Himmel erleuchtende"; i. F. Amaterasu), geboren aus Izanagis linkem Auge; der Kami des Mondes, Tsukuyomi no Mikoto (wörtlich „die Monde bzw. Monate zählende/r"; i. F. Tsukuyomi), aus seinem rechten Auge und der Kami des Sturms und des Meeres, Susanoo no Mikoto (wörtlich etwa „der Ungestüme"; i. F. Susanoo), aus seiner Nase.

Diese drei Geschwister kommen gleichzeitig zur Welt und spielen die vermutlich wichtigste Rolle in der gesamten japanischen Mythologie. In einer Variation der Erzählung, wie sie im Nihonshoki wiedergegeben wird, werden Amaterasu, Tsukuyomi und Susanoo nicht von Izanagi allein erschaffen, sondern sind drei der Kinder, die Izanagi und Izanami nach ihrer Ankunft auf dem neu geschaffenen Land gemeinsam zeugten. Amaterasu ist dabei ihr erstes Kind. In dieser Überlieferung stirbt Izanami nicht, weshalb weder sie noch ihr Mann die Unterwelt betreten.

Bevor er sich zurückzieht, teilt Izanagi die Welt zwischen den drei Kindern auf: Amaterasu erhält die Herrschaft über den Himmel, Tsukuyomi über die Nacht und Susanoo über die Meere. Im Gegensatz zu seinen beiden Geschwistern weigert sich Susanoo, seine Aufgabe zu erfüllen, da er lieber bei Izanami wäre. Nachdem er so lange Zeit weint, bis er bereits erwachsen geworden ist und ihm ein acht Handbreiten langer Bart gewachsen ist, wodurch in der Zwischenzeit sämtliche Flüsse austrocknen, wird er von seinem Vater, der von da an nicht weiter erwähnt wird, in das Wurzelland verbannt. Dies stellt das Ende der Kamiumi dar.

MIHASHIRA NO UZU NO MIKO

Amaterasu, Tsukuyomi und Susanoo werden gemeinsam als Mihashira no Uzu no Miko (wörtlich „die drei edlen bzw. wertvollen Kinder") bezeichnet. Insbesondere Amaterasu stellt die zentrale Figur der japanischen Mythologie dar. Im Kontrast zu Tsukuyomis Wichtigkeit steht die geringe Menge an Erwähnungen in den mythologischen Texten. In der Tat ist über Tsukuyomi so wenig überliefert, dass nicht einmal sein bzw. ihr Geschlecht bekannt ist. Zumeist wird allerdings von einem männlichen Kami ausgegangen.

Amaterasu und Tsukuyomi heiraten und teilen sich zeitweise den Himmel. Als Amaterasu Tsukuyomi als ihren Repräsentanten zu Ukemochi, Kami des Essens und eine weitere Tochter von Izanagi und Izanami, schickt, tötet Tsukuyomi Ukemochi aus Ekel davor, dass sie Nahrungsmittel aus verschiedenen Teilen ihres Körpers erschafft. Auch aus ihren Überresten entstehen weitere Kami. Amaterasu und Tsukuyomi trennen sich und die zutiefst verärgerte Amaterasu beschließt, dass sie Tsukuyomi nie wieder sehen möchte.

Bevor Susanoo seine Verbannung antritt, steigt er zu seiner Schwester Amaterasu in den Himmel auf, um sich von ihr zu verabschieden. Damit er ihr beweisen kann, dass seine Absichten ehrlich sind, lassen sich die beiden Geschwister auf einen Wettstreit ein, dessen genauer Ablauf von Quelle zu Quelle variiert. Während dieses Wettstreits entstehen aus den

Kleidungsstücken, Schmuckstücken, Waffen und anderen Gegenständen, die die beiden Geschwister mit sich führen, viele weitere Kami. An dieser Stelle soll allerdings nur Ame no Oshihomimi erwähnt werden, der aus den Juwelen entstand, welche Amaterasu in ihren Haaren getragen hatte.

Nach dem Ende des Wettstreits begeht Susanoo eine Reihe von frevelhaften Untaten, die sogenannten Amatsutsumi (wörtlich „himmlische Verbrechen bzw. Sünden"), bei denen er unter anderem die Ernte vernichtet, heilige Orte entweiht und andere Kami verärgert und sogar tödlich verwundet. Je nach Quelle tut er dies entweder, weil er den Wettstreit verliert und darüber frustriert ist, oder weil er ihn gewinnt und von seinem Sieg so sehr berauscht ist, dass er sein eigenes Verhalten nicht mehr unter Kontrolle hat.

Amaterasu ist anfangs noch bereit, über Susanoos Taten hinwegzusehen, doch nachdem er schließlich ein Pferd häutet, das Dach von Amaterasus Webhalle durchlöchert, das gehäutete Pferd durch eines der Löcher ins Innere der Halle wirft und damit eine der Weberinnen tödlich verwundet, hat auch sie endgültig genug. Sie zieht sich entsetzt in eine Höhle zurück und da sie die Sonne verkörpert, verschwindet das

Sonnenlicht vom Himmel und von der Erde und lässt sie in Dunkelheit zurück.

Angeführt von Tokoyo no Omoikane (wörtlich „auf ewig seinen Gedanken dienender"), dem Kami der Weisheit, entwickeln die anderen Kami einen Plan, um Amaterasu mithilfe einer spektakulären Darbietung vor der Höhle zu einer Rückkehr zu bewegen. Die Darbietung beinhaltet unter anderem singende Vögel und entwurzelte Bäume. Ihr wichtigster Teil besteht aus einem ritualistischen, pantomimischen Tanz, den Ame no Uzume no Mikoto (i. F. Ame no Uzume), Kami der Dämmerung, der Fröhlichkeit und der Kunst, in einer Art Trancezustand vor der Höhle aufführt. Dabei bietet sie mit Blumen, Blättern und Pflanzen bekleidet einen komischen, unterhaltsamen Anblick, bevor sie die Kleider ablegt und den Tanz nackt aufführt.

So gelingt es ihr, alle versammelten Kami dazu zu bringen, lauthals zu lachen, was auch Amaterasu in der Höhle mitbekommt. Als sie nach außen schaut, sieht sie sich selbst in einem Spiegel, der zuvor vor dem Eingang aufgestellt wurde. Sie geht auf den Spiegel zu und wird von ihrem eigenen, hell leuchtenden Spiegelbild geblendet, sodass sie sich zunächst selbst nicht erkennt. Der Kami Ame no Tajikarao (wörtlich „starke Hand des Himmels"), der neben dem Eingang bereitsteht, nutzt die Gelegenheit und zieht sie gänzlich aus der Höhle heraus. Nachdem sie von den anderen Kami inständig und verzweifelt darum gebeten wird, zurückzukehren, willigt sie ein und das Licht der Sonne kehrt in die Welt zurück. Die Szene, in der sie die Höhle verlässt, der Darbietung von Ame no Uzume und den anderen Kami gegenübertritt und das Sonnenlicht wieder erstrahlen lässt, ist einer der berühmtesten Momente der japanischen Mythologie und wurde vielfach künstlerisch verewigt. Susanoo wird als Strafe für seine Taten einer Reinigungszeremonie unterzogen und erneut verbannt.

SUSANOO UND ŌKUNINUSHI

Der auf die Erde verbannte Susanoo trifft auf ein trauerndes altes Ehepaar, welches ihm berichtet, dass in den letzten sieben Jahren sieben ihrer acht Töchter von Yamata no Orochi (wörtlich „achtfach gegabelte Riesenschlange"; i. F. Orochi) gefressen wurden, einem riesigen schlangen- bzw. drachenartigen Ungeheuer mit acht Köpfen und acht Schwänzen. Da sich die Zeit nähert, dass Orochi zum achten Mal erscheint und ihnen auch ihre letzte Tochter Kushinada-hime (wörtlich „wundersame Prinzessin der Reisfelder") nimmt, bitten sie Susanoo um Hilfe.

Dieser gibt sich als Bruder der Amaterasu zu erkennen und bietet an, Orochi zu töten, wenn sie ihm erlauben, ihre Tochter zu heiraten. Er verwandelt Kushinada-hime in einen Kamm und versteckt sie in seinen Haaren vor dem Ungeheuer. Anschließend braut das Paar auf Susanoos Anweisung hin Sake, mit welchem Orochi betrunken gemacht und anschließend von Susanoo getötet wird. Im Körper des Ungeheuers findet er das legendäre Schwert Kusanagi no Tsurugi (wörtlich „Gras mähendes Schwert"), welches er bei seiner Rückkehr seiner Schwester Amaterasu als Geschenk präsentiert, um sein Verhalten wiedergutzumachen und den Zwist zwischen den beiden Geschwistern beizulegen.

Ōkuninushi no Mikoto (wörtlich „Besitzer bzw. Meister des großen Landes"; i. F. Ōkuninushi), der je nach Quelle entweder ein Sohn oder ein Urururururenkel (d. h. Nachfahre in sechster Generation) von Susanoo und Kushinada-hime ist, reist mit seinen 80 älteren Brüdern bzw. Halbbrüdern (die Zahl 80 ist dabei möglicherweise nicht wörtlich gemeint und kann auch für eine sehr große Anzahl stehen) in ein fremdes Königreich, da sie alle an der dort lebenden Prinzessin

Yagami-hime interessiert sind. Die Brüder ziehen voraus und begegnen einem verwundeten Hasen, der von Krokodilen und Haien attackiert wurde und Hilfe benötigt.

In ihrer grausamen Natur spielen sie ihm einen Streich, sodass seine Schmerzen und sein Leid noch schlimmer werden. Ōkuninushi, der ihnen hinterherzieht, trifft ebenfalls auf den Hasen und hilft ihm. Aufgrund seiner Hilfsbereitschaft zieht er die Aufmerksamkeit der Prinzessin Yagami-hime auf sich, was ihm den Neid seiner Brüder einbringt. Die eifersüchtigen Brüder locken Ōkuninushi gemeinsam in eine Falle, sodass er sich an einem glühenden Felsen zu Tode verbrennt. Seine Mutter bittet Kamimusubi no Mikoto (wörtlich „Kami hervorbringender"), einen der weiter oben erwähnten Koto Amatsukami, ihn ins Leben zurückzuholen. Dieser erfüllt ihr den Wunsch und Ōkuninushi wird als gut aussehender junger Mann wiederhergestellt.

Anschließend wiederholt sich der Prozess, die Brüder töten ihn erneut, indem sie einen Baum mit einem Keil spalten und ihn wieder zusammenschnellen lassen, wobei er Ōkuninushi zerquetscht. Seiner Mutter gelingt es erneut, ihn zurückzuholen. Dieses Mal rät sie ihm anschließend, in das Wurzelland zu Susanoo zu fliehen. Währen seiner Flucht entkommt er nur knapp einem dritten und letzten Anschlag seiner Brüder auf sein Leben.

Nach der erfolgreichen Flucht sucht er Susanoo auf und verliebt sich in dessen Tochter, Suseri-hime. Susanoo ist mit einer Vermählung der beiden nicht einverstanden, weshalb er ihm vier Prüfungen auferlegt, die durch ihre absurde Schwierigkeit darauf ausgelegt sind, nicht bestanden zu werden. Nachdem er sie dennoch bestanden hat, – drei davon dank der Hilfe von Suseri-hime und eine dank der Hilfe einer Feldmaus – bindet er Susanoos Haare an den Trägern des Palastdaches fest und flieht mit Suseri-hime sowie Susanoos Schwert, seinem Bogen und seiner Koto (japanische Zither). Als er mit der Koto versehentlich einen Baum streift, wacht Susanoo auf, reißt durch zu schnelles und heftiges Aufstampfen versehentlich die Träger um und bringt auf diese Weise seinen eigenen Palast zum Einstürzen. Er verfolgt die beiden trotz ihres Vorsprungs bis zum Eingang des Wurzellandes. Durch das Bestehen der Prüfungen und die spektakuläre Flucht war es Ōkuninushi aber inzwischen gelungen, Susanoo zu beeindrucken.

Anstatt die beiden Liebenden weiterzuverfolgen, gibt er ihnen seinen Segen und überlässt Ōkuninushi seine Waffen, mit denen es ihm nach der Rückkehr gelingt, seine Brüder zu besiegen und Herr über das irdische Gefilde zu werden. Gleichzeitig formiert er das Land neu, was als Fortsetzung des Schöpfungsaktes gilt, der durch den Tod Izanamis unterbrochen wurde.

KUNIYUZURI UND TENSON KŌRIN

Amaterasu bietet ihrem Sohn Ame no Oshihomimi die Herrschaft über die Erde an. Da er ablehnt, mit der Begründung, dass die Erde seiner Einschätzung nach noch zu wild und ungezähmt ist, macht Amaterasu ihrem zweiten Sohn, Ame no Hohi, dasselbe Angebot. Dieser macht sich auf den Weg, doch auf der Erde angekommen entwickeln er und der über die Erde herrschende Ōkuninushi gegenseitige Sympathien, sodass Ame no Hohi kein Interesse mehr an einer Übernahme hat und seiner Mutter keine Rückmeldung mehr erstattet. Sein Sohn, Ame no Wakahiko, erhält als nächster das Angebot von Amaterasu und wird auf die Erde geschickt. Dort heiratet er aber Ōkuninushis Tochter, Shitateru-hime, und missachtet ebenfalls seine ursprüngliche Aufgabe. Aus diesem Grund entsenden Amaterasu und Takamimusubi no Mikoto (wörtlich

„Hocherhabenes hervorbringender"), ein weiterer Koto Amatsukami, den Kami des Donners und des Schwertes, Takemikazuchi (wörtlich etwa „mutiger Blitz und Donner"), der einer der bei Kagutsuchis Ermordung durch Izanagi entstandenen Kami ist, um das Land zu unterwerfen.

Nach seiner Ankunft fordert Takemikazuchi die Übergabe des Landes von Ōkuninushi. Ōkuninushi überlässt seinen beiden Söhnen die Entscheidung. Während einer von ihnen, Yae Kotoshironushi, sofort bereit ist, ihm das Land zu überlassen, fordert ihn der andere, Takeminakata, zu einem Kampf heraus, den Takemikazuchi gewinnt. Dieser Prozess wird als Kuniyuzuri (wörtlich „Landübergabe") bezeichnet.

Nachdem das Land auf diese Weise unterworfen wurde, bietet Amaterasu erneut Ame no Oshihomimi an, darüber zu herrschen. Dieser schlägt stattdessen seinen Sohn, Amatsuhiko Hikoho no Ninigi no Mikoto (i. F. Ninigi) als Herrscher vor, was Amaterasu und Takamimusubi annehmen. Ninigi betritt die Erde, wobei er je nach Überlieferung entweder allein ist oder von anderen Kami begleitet wird. Sein Weg auf die Erde wird als Tenson kōrin (wörtlich „Abstieg aus dem Himmel") bezeichnet. Sarutahiko Ōkami (wörtlich „Prinz des Affenfeldes", i. F. Sarutahiko), Anführer der irdischen Kami, stellt sich ihm in den Weg, wird aber von der bereits weiter oben erwähnten Ame no Uzume überredet, ihn passieren zu lassen. Ame no Uzume und Sarutahiko werden ein Paar. Auf der Erde verliebt sich Ninigi in Konohanasakuya-hime (wörtlich „Prinzessin der blühenden Kirschbaumblüten"), Kami des Berges Fuji. Er bittet ihren Vater, Ōyamatsumi (wörtlich „in den großen Bergen wohnender"), Kami der Berge und des Krieges, sie heiraten zu dürfen.

Ōyamatsumi bietet ihm stattdessen seine ältere Tochter, Iwanaga-hime an, die Ninigi aufgrund ihres Aussehens ablehnt. Ōyamatsumi erlaubt die Ehe zwischen Ninigi und Konohanasakuya-hime, verflucht Ninigi allerdings dafür, dass er Iwanaga-hime ablehnte. Als Auswirkung des Fluchs wurde Ninigi und allen seinen Nachkommen die Unsterblichkeit genommen und ihre Lebensspanne drastisch verkürzt. In anderen Überlieferungen ist Iwanaga-hime selbst diejenige, die den Fluch ausspricht.

JINMU

Ninigi vermacht seinem ältesten Sohn Hoderi no Mikoto (wörtlich „Leuchten des Feuers"; i. F. Hoderi) einen Angelhaken, damit er Fischer wird, und dessen jüngerem Bruder Hoori no Mikoto (wörtlich etwa „Reichtum der Ernte"; i. F. Hoori) einen Bogen, damit er Jäger wird. Hoderi ist unzufrieden mit seinem Geschenk, da ein Bogen bei jedem Wetter verwendet werden kann, wohingegen man zum Angeln auf das richtige Wetter angewiesen ist. Da er der ältere Bruder ist, ist er der Ansicht, das nützlichere Geschenk verdient zu haben, und überredet Hoori zum Tausch. Nachdem er mit dem Bogen jedoch ständig sein Ziel verfehlt, möchte er den Tausch rückgängig machen. Hoori verliert den Angelhaken aber auf hoher See. Nachdem Hoderi darauf besteht, dass er ihn wiederfindet und ihm sogar mit dem Tod droht, begibt sich Hoori im Meer auf die Suche. Er trifft auf Toyotama-hime (wörtlich „Prinzessin der reichhaltigen Juwelen"), die Tochter von Watatsumi (wörtlich „Beschützer des Meeres"), dem drachenartigen Kami des Wassers, die er heiratet.

Anschließend verbringt er einige Zeit in Watatsumis Palast. Nachdem er seinem Schwiegervater von seiner Situation berichtet hat, lässt dieser sämtliche Fische nach dem Haken suchen. Schließlich wird er im Maul eines Fisches gefunden. Der von Heimweh geplagte Hoori kehrt mit seiner Frau, dem von Watatsumi verfluchten Haken, sowie einem Juwel, das die Ebbe kontrolliert, und einem, das die Flut kontrolliert, zurück zu seinem Bruder. Hoderi stellt fest, dass er mit dem Haken aufgrund des Fluchs keinen Erfolg mehr hat und attackiert Hoori. Dieser überwältigt ihn mithilfe der beiden Juwelen und Hoderi gelobt, dass seine Nachfahren denen Hooris als Leibwächter dienen werden.

Toyotama-hime wird schwanger von Hoori. Er errichtet für sie eine Gebärhütte aus Kormoranfedern. Als die Geburt des Kindes näher rückt, ist die Hütte noch nicht vollständig fertig und somit nicht blickdicht. Deshalb bittet Toyotama-hime ihren Ehemann, sie bei der Geburt des Kindes nicht anzusehen, da sie dafür ihre nicht-menschliche Form annehmen muss. Es gelingt ihm nicht, seine Neugier zurückzuhalten, und er sieht, dass sie sich für die Geburt in einen krokodil- bzw. haiartigen Drachen verwandelt hat. Hoori erschrickt und läuft davon.

Toyotama-hime schämt sich so sehr, dass sie sich ins Meer zurückzieht, ihren Mann und den neugeborenen Sohn Ugayafukiaezu no Mikoto (wörtlich „unvollständige Kormoranfederbedeckung"; i. F. Ugayafukiaezu) zurücklässt und den Pfad in das Reich des Meeres verschließt. Sie schickt ihre jüngere Schwester Tamayori-hime, die sich um das Kind kümmern soll. In anderen Versionen ist Tamayori-hime bereits bei der

Rückkehr Hooris und Toyotama-himes mit ihnen gekommen. Als Ugayafukiaezu erwachsen wird, heiratet er seine Tante Tamayori-hime.

Gemeinsam haben Ugayafukiaezu und Tamayorihime vier Söhne. Mit 45 Jahren rät ihr jüngster Sohn Kamu-yamato Iware-biko no Mikoto (i. F. Kamu-yamato Iware-biko) seinen drei Brüdern, weiter nach Osten zu wandern, um mehr über die dortigen unerforschten Gebiete zu erfahren und einen besser geeigneten Ort für die Verwaltung des gesamten Landes zu finden. Als sie nach mehreren Jahren ankommen, ist Kamu-yamato Iware-biko der einzige unter ihnen, der noch lebt, da seine Brüder unterwegs in Kämpfen gefallen sind. Eine dreibeinige Krähe führt ihn in die spätere Provinz Yamato. Ein anderer Mann namens Nigihayahi erhebt dort ebenfalls Anspruch auf den Thron, da auch er behauptet, von den Kami abzustammen. Als er Kamu-yamato Iware-biko sieht, erkennt er ihn jedoch als legitim an und überlässt ihm freiwillig die Herrschaft. Kamu-yamato Iware-biko besteigt daraufhin im Jahr 660 v. Chr. unter dem Namen Jinmu-Tennō den Thron und wird so zum ersten Kaiser Japans. Mit ihm und der von ihm etablierten Dynastie endet das Zeitalter der Kami und das Zeitalter der Menschen bzw. der menschlichen Kaiser beginnt. Er soll im Jahr 585 v. Chr. im Alter von 126 Jahren verstorben sein.

Bedeutung

ERKLÄRUNG NATÜRLICHER UND KULTURELLER PHÄNOMENE

Viele Elemente der japanischen Mythologie fungieren als eine Art Erklärung verschiedener in der Natur und der japanischen Kultur beobachtbarer Phänomene. Das Verschließen des Eingangs zur Unterwelt durch Izanagi begründet die Tatsache, dass es eine Trennung und Abgrenzung zwischen der Welt der Lebenden und der Welt der Toten gibt, die nicht ohne Weiteres überschritten werden kann.

Izanamis Schwur, jeden Tag für das Zustandekommen von 1000 Toten zu sorgen und Izanagis Reaktion darauf, jeden Tag 1500 Menschen zur Welt kommen zu lassen, setzt den Beginn des natürlichen Kreislaufs von Leben und Tod in Gang. Auch der natürliche Wechsel von Tag und Nacht, bzw. von Sonne und Mond wird mythologisch erklärt: Dadurch, dass Amaterasu und Tsukuyomi zerstritten sind und Amaterasu Tsukuyomi nicht mehr sehen möchte, können Sonne und Mond nicht zusammen zu sehen sein. Die Verfluchung Ninigis durch Ōyamatsumi bzw. Iwanaga-hime erklärt, warum das menschliche Leben seine durchschnittliche Länge hat. Selbst die simple Tatsache, dass der Mensch Nahrungsmittel zubereitet und sie isst, um zu überleben, besitzt eine mythologische Erklärung. Nach Ukemochis Ermordung durch Tsukuyomi ließ Amaterasu das von ihr erschaffene Essen zu sich bringen, fand gefallen daran und entschied, dass es in Zukunft auch den Nachkommen der Kami als Nahrung dienen soll.

Die Darbietung Ame no Uzumes vor der Höhle gilt als mythologischer Ursprung bzw. Inspiration für das japanische Kagura-Theater, während der Kampf zwischen Takemikazuchi und Takeminakata um die Herrschaft über das Land den ersten Sumō-Ringkampf Japans dargestellt haben soll, von dem die traditionellen Kämpfe inspiriert sind.

Die enge Beziehung Japans zum Meer, die in der Geschichte des Landes und seiner Bevölkerung schon immer wichtig war, geht auch auf die Mythologie zurück. Das Meer fungiert dort oft als eine Art „andere Welt", in der viele der an Land geltenden Gesetze außer Kraft gesetzt zu sein scheinen. So wird beispielsweise über den Palast des Watatsumi (Ryūgū-jō) geschrieben, dass dort die Zeit anders vergeht oder dass auf jeder seiner vier Seiten eine andere Jahreszeit herrscht. In früheren Zeiten scheint es noch einfach zu sein, zwischen Land und Meer zu reisen, doch nach der von Toyotama-hime herbeigeführten deutlicheren Trennung zwischen den beiden Gefilden ändert sich dies, was erklärt, warum es nicht immer einfach ohne Weiteres möglich ist, zwischen Land und Meer hin- und herzureisen. Hiruko, der von Izanagi und Izanami ausgesetzte Sohn, dient hingegen als Erklärung für einige positive, mit dem Meer verbundenen Attribute.

So sind Japaner zumeist äußerst dankbar für Fische und andere Reichtümer, die an Land gespült werden. Bestimmte an Land gespülte Steine sollen einen guten Fang verheißen und sogar an Land gespülte oder in Küstennähe aufgefundene Wasserleichen gelten erstaunlicherweise als ein positives Zeichen und werden häufig auch respektvoll auf dem Dorffriedhof begraben.

Unter den Begleitern Ninigis auf dem Weg zur Erde befinden sich fünf Kami, die als Vorfahren fünf verschiedener japanischer Familienclans gelten und zudem jeweils für eine Berufsgruppe stehen: Hutmacher, Schildmacher, Metallarbeiter, Weber und Juwelenmacher. Dass sie mit Ninigi auf die Erde kommen, erklärt nicht nur, warum diese Berufe unter den Menschen verbreitet sind, sondern auch, warum die jeweilige Familie traditionell den jeweiligen Beruf ausübte. Genauso ist Hoderis Schwur, dass seine Nachkommen denen seines Bruders Hoori dienen sollen, eine Legitimation für die Rolle des auf Hoderi zurückgehenden Familienclans im Kaiserreich.

ROLLE UND (PSEUDO-) HISTORIZITÄT DES TENNŌ

Die Rolle des Kaiserhauses in Japan wird in großem Maße mythologisch legitimiert. Der mythologische erste Tennō (Titel des japanischen Kaisers; wörtlich „Sohn des Himmels") ist demnach der Urururenkel (d. h. Nachfahre in fünfter Generation) der Amaterasu, wodurch das Bild vermittelt wird, dass die kaiserliche Familie in direkter Linie von ihr abstammt.

Das von Susanoo erbeutete Schwert (Kusanagi no Tsurugi), die Halskette Amaterasus (Yasakani no Magatama) und der Spiegel, der vor Amaterasus Höhle aufgestellt wurde (Yata no Kagami) wurden Ninigi der Legende nach bei seinem Weg auf die Erde von Amaterasu mitgegeben und von ihm an seine Nachfahren vererbt. Sie werden als die drei Reichsinsignien Japans (Sanshu no Jingi, wörtlich „drei heilige Schätze") bezeichnet und sollen sich noch bis heute im Besitz der kaiserlichen Familie befinden, was ebenfalls deren Macht legitimiert.

Der Teil der aufgezeichneten Chronik Japans, den man als mythologisch bezeichnen kann, endet nicht mit dem Zeitalter der Kami, sondern setzt sich noch viele Jahre durch die japanische Geschichte fort und endet je nach historischer Ansicht im ersten Jahrhundert v. Chr. oder sogar erst im sechsten Jahrhundert n. Chr. Nicht nur der Jinmu-Tennō ist höchstwahrscheinlich mythologisch, sondern auch von seinen acht Nachfolgern wird angenommen, dass sie nicht wirklich in der mythologisch beschriebenen Form lebten. Ob sie überhaupt existierten und ob die überlieferten Daten ihrer Geburt, ihres Todes und ihrer Herrschaftszeit korrekt sind, ist äußerst fraglich. Erst für die Existenz des zehnten japanische Kaisers, des Sujin-Tennō, der die Herrschaft im Jahr 97 v. Chr. antrat, gibt es historische Belege. Dennoch werden auch er und einige seiner Nachfolger häufig als „legendär" bezeichnet, da die Belege zwar auf ihre Existenz hindeuten, aber nicht aussagekräftig genug sind, um ihre Historizität eindeutig festzustellen.

Der 15. Kaiser, Ōjin-Tennō, der den Thron im Jahr 270 n. Chr. bestieg, gilt unter einigen Historikern als erster Tennō, dessen Existenz – trotz immer noch uneindeutiger Beweislage – sehr wahrscheinlich ist. Für die Historizität einiger seiner Nachfolger spricht, dass sie vermutlich mit den in chinesischen Aufzeichnungen erwähnten japanischen Herrschern übereinstimmen, die dort als „Fünf Könige von Wa" bezeichnet werden und Gesandte nach China schickten, um sich vom dortigen Kaiser anerkennen zu lassen. Alle Thronfolger ab dem 29. Kaiser, Kinmei-Tennō, der von 539 bis 571 herrschte, sind historisch belegt. Dies gilt sowohl für ihre Existenz an sich, als auch für das Datum ihrer Geburt, ihrer Thronbesteigung und ihres Todes.

Es wird vermutet, dass in der Geschichte der Aufzeichnung japanischer Mythen gelegentlich der ursprüngliche Erzähltext aus politisch motivierten Gründen abgeändert bzw. manipuliert wurde, um die Stellung der kaiserlichen Familie zu sichern. Unter anderem wurde die besondere Stellung, die der historischen Provinz Yamato oft gegeben wird, und auch ihre häufige Erwähnung als Synonym für ganz Japan vermutlich nachträglich konstruiert, da die kaiserliche Familie von dort stammt.

Auch ist es gut möglich, dass das Schwert, das Ōkuninushi von Susanoo erhält und mit dem er seine Brüder besiegt und seine Herrschaft über die Erde vorerst sichert, das von ihm erbeutete Kusanagi no Tsurugi ist. Doch da dieses in den Besitz der kaiserlichen Familie gelangen muss, um deren Macht zu legitimieren, wurde der Mythos, vermutlich im Auftrag eines Tennō, so abgeändert, dass Amaterasu das Kusanagi no Tsurugi zunächst bei sich behält und es Ninigi später mit auf den Weg gibt. Das an Ōkuninushi vermachte Schwert wurde zu einem nicht näher benannten „Schwert des Lebens" umbenannt. In anderen Versionen ist es stattdessen ein Speer oder wird überhaupt nicht erwähnt.

Entgegen der weitverbreiteten Auffassung stimmt es allerdings nicht, dass der Tennō selbst früher vom japanischen Volk für einen Kami in menschlicher Gestalt gehalten wurde. Er gilt zwar als Mensch, der von den Kami abstammt, wird ansonsten aber nicht so wahrgenommen, dass er irgendetwas Übernatürliches oder Nicht-menschliches an sich hat. Als die Vereinigten Staaten den 124. Tennō, Hirohito, nach dem

Zweiten Weltkrieg dazu aufforderten, sich öffentlich dazu zu bekennen, ein Mensch zu sein, änderte dies demnach, entgegen der amerikanischen Auffassung, nichts an der Meinung der allgemeinen japanischen Bevölkerung gegenüber ihrem Staatsoberhaupt.

MOTIVE

Ein prägendes Motiv der japanischen Mythologie ist die im Regelfall sehr menschlich wirkende Persönlichkeit der Kami. Sie zeigen menschliche Emotionen, reagieren oftmals allzu menschlich auf äußere Umstände oder auf das Verhalten anderer, sie begehen gelegentlich Fehler und verhalten sich in verschiedenen Arten von Situationen stark oder schwach. Etwas allgemeiner ausgedrückt: Sie denken, handeln, agieren und reagieren in einer Weise, die für den Menschen nachvollziehbar ist. Dabei handelt es sich allerdings, wie bereits erwähnt, um den Regelfall, der nicht ohne Ausnahmen ist.

In eher vereinzelt auftretenden Fällen entzieht sich das Verhalten mancher Kami dem menschlichen Verständnis. Als frühestes Beispiel ist Izanami in der Unterwelt zu nennen. Dass sie in ihrem Zustand nicht von ihrem Bruder und Partner gesehen werden möchte, ist nachvollziehbar; ihre anschließende Reaktion wirkt dagegen im besten Fall unverhältnismäßig übertrieben und im schlechtesten Fall sogar gänzlich unbegreiflich. Derartige Vorkommnisse sind nicht allzu häufig, fallen dafür aber jedes Mal in besonderem Maße auf.

Ein weiteres Motiv, das die japanische Mythologie enthält, – oder genauer gesagt, häufig nicht enthält, – ist das Konzept von Gut und Böse. Zumeist zeichnet sich dieses nämlich durch auffallende Abwesenheit aus. Es gibt Kami sowie andere Wesen und auch Taten, die eindeutig negativ konnotiert sind, doch der Zustand, welcher die meiste Zeit über vorherrscht, ist ein Zustand der Ambivalenz.

Es besteht eine gewisse Idee von Moral, die aber nur sehr vage definiert ist. An Stellen, an denen etwas für den Beobachter klar als gut oder böse, als gerecht oder ungerecht zu empfinden ist, erscheinen nicht nur die Kami eher teilnahmslos, auch die Narrative des Textes selbst ergreift selten Partei und gibt selten vor, wie die Situation moralisch beurteilt werden sollte. Selbstverständlich kommen auch hier Ausnahmen vor, wie etwa im extremen Fall der Untaten Susanoos, die von den Kami einstimmig verurteilt werden und bei denen auch die Narrative des Textes unmissverständlich klarmacht, dass es sich hierbei um eindeutig böse Taten handelt.

Auch bestimmte Gegenstände tauchen als Motiv vermehrt auf. Ein gutes Beispiel ist das Totsuka no Tsurugi (wörtlich „zehn-Hand-breites Schwert"). Wenn von einem Schwert die Rede ist, kommt es immer wieder vor, dass es sich genau um ein solches handelt. Das Schwert, mit dem Izanagi seinen Sohn Kagutsuchi tötet und dessen Körper zerteilt, ist etwa ein Totsuka no Tsurugi. Es wird zu einem späteren Zeitpunkt als Itsu no Ohabari benannt und kommt sogar als lebendes, sprechendes Wesen bzw. vollwertiger Kami vor. An dem Wettstreit zwischen Amaterasu und Susanoo war ein weiteres, nicht namentlich benanntes Totsuka no Tsurugi beteiligt und auch das Schwert, das Susanoo verwendet, um Orochi niederzustrecken, gehört dieser Art von Schwertern an (im Gegensatz zu dem legendären Kusanagi no Tsurugi, das er im Körper des Ungeheuers findet).

Als Takemikazuchi nach seiner Ankunft auf der Erde von Ōkuninushi die Herrschaftsübergabe verlangt, sitzt er ebenfalls auf einem Totsuka no Tsurugi mit dem Eigennamen Futsu Mitama no Tsurugi, welches er zuvor selbst in den Erdboden gesteckt hat. Dasselbe Schwert gerät später durch Takemikazuchis

Zutun über Umwege in die Hände des zukünftigen Jinmu-Tennō, Kamu-yamato Iware-biko, dem es bei einer Schlacht in der Region Kumano zum Sieg verhilft.

Zuletzt lässt sich nicht ignorieren, dass auch Inzest ein Motiv ist, das immer wieder auftritt. Manche Kami heiraten ihre Familienmitglieder, oft ihre direkten Geschwister, und setzen mit ihnen Nachkommen in die Welt. In den textlichen Aufzeichnungen wird dies nicht als ungewöhnlich oder falsch kommentiert und die Nachkommen weisen keine damit in Verbindung gesetzten Folgen auf. So wird beispielsweise der Zustand, in dem sich Hiruko bei seiner Geburt befindet, auf das falsch abgelaufene Hochzeitsritual zurückgeführt, nicht auf das verwandtschaftliche Verhältnis seiner Eltern. Die ihm nachfolgenden Kinder scheinen außerdem nicht von denselben Problemen betroffen zu sein. Eine der vermutlich naheliegendsten und offensichtlichsten Begründungen dafür ist, dass die Kami trotz ihrer überwiegend menschenartigen Persönlichkeit nicht mit den Menschen gleichzusetzen sind und dass somit weder das negative Ansehen bzw. Tabu noch die Konsequenzen von Inzest zwangsläufig für sie gelten.

Aber auch darüber hinaus gibt es noch weitere Begründungen für das vermehrte Vorkommen. Erstens waren Ehen zwischen Halbgeschwistern in der kaiserlichen Familie bis etwa ins sechste Jahrhundert nicht selten, zweitens kann das Wort imo (moderne Lesung: imōto), das heutzutage fast immer für „jüngere Schwester" steht, im alten Japanisch auch „Ehefrau" bedeuten, weshalb in manchen vermeintlichen Inzestfällen in der japanischen Mythologie möglicherweise nicht wirklich Geschwister gemeint sind.

Quellenlage

KOJIKI

Die beiden bedeutendsten literarischen Werke, die als Quellen der japanischen Mythologie gelten, sind das Kojiki (wörtlich. „Aufzeichnung alter Begebenheiten") und das Nihon Shoki (wörtlich „schriftliche Chronik Japans"). Beide Werke beginnen mit der mythologischen Entstehung der Welt und ihre Erzählung reicht bis ins erste Jahrtausend n. Chr. Darüber hinaus haben sie gemeinsam, dass sie zwar nicht als vollständig verlässliche historische Quellen gelten, aber dennoch aufgrund der enthaltenen Beschreibungen des antiken Japans von Historikern und Archäologen als wichtig erachtet werden.

Wenn von verschiedenen Versionen einer mythologischen Erzählung die Rede ist, bezieht sich dies meist auf die Version im Kojiki und die im Nihon shoki. Teilweise unterscheiden sich zwischen den beiden Werken nur Einzelheiten einer ansonsten identischen Erzählung, oft sind die Unterschiede aber auch größer und die beiden Versionen widersprechen sich gegenseitig. Ein solcher Widerspruch kann auch innerhalb desselben Werkes vorkommen und rührt daher, dass zwei verschiedene Überlieferungen aufeinandergetroffen sind und versucht wurde, sie zu ein und demselben Ereignis zu verbinden, obwohl sie ursprünglich unabhängig voneinander für sich selbst standen. Auch die Namen mancher Kami unterscheiden sich zwischen Kojiki und Nihon shoki, in solchen Fällen ergibt sich oft aus dem Kontext, dass von demselben Kami die Rede ist.

Das Kojiki ist das älteste noch existierende literarische Werk Japans. Wichtig anzumerken ist, dass der Inhalt des gesamten Textes nicht direkt aus anderen, älteren Aufzeichnungen und schriftlichen Erzählungen übernommen wurde, sondern von einer einzigen Person mündlich diktiert wurde.

Die kaiserliche Familie und andere zu verschiedenen Zeitpunkten herrschende Familienclans fertigten bereits vor der Entstehung des Kojiki verschiedene Aufzeichnungen über ihre Genealogien und verschiedene Anekdoten bezüglich ihrer Herkunft und Vergangenheit an. Vermutlich begann diese Praxis im sechsten Jahrhundert n. Chr. Da mitunter Widersprüche vorkamen, ordnete der 40. Kaiser, Tenmu, zu seiner Regierungszeit eine genauere Inspektion und Revision der Aufzeichnungen an, um diese Widersprüche aufzuklären sowie die Fehler, die sich im Lauf der Zeit eingeschlichen hatten, zu beseitigen. Gleichzeitig beabsichtige er aber auch die Verbindung mehrerer Herrscherfamilien aus der Vergangenheit zu einer einzelnen großen, ununterbrochenen Familie sowie die Etablierung einer mythologischen Legitimation für die Herrschaft dieser Familie und für die Positionen der Angehörigen anderer Familien innerhalb des Herrschaftssystems.

Ein Rezitator bzw. eine Rezitatorin namens Hieda no Are (ob es sich um einen Mann oder eine Frau handelte, ist nicht überliefert und lässt sich anhand des Namens nicht erkennen) wurde damit beauftragt, das Ergebnis dieser Überarbeitung auswendig zu lernen. Are zählte zu den Vertrauten des Tenmu-Tennō, besaß der Überlieferung zufolge ein außergewöhnlich gutes Gedächtnis und stammte aus einer Familie, deren Abstammung laut eigener Aussage bis auf Ame no Uzume zurückgeht. Erst im Jahr 711, d. h. 25 Jahre nach dem

Ende der Herrschaftszeit des Tenmu-Tennō, gab die 43. Kaiserin, Genmei, den Auftrag zu einer Verschriftlichung. Das Kojiki wurde um das Jahr 712 an ihrem Hof von dem Schriftgelehrten Ō no Yasumaro fertiggestellt. Der Inhalt basiert auf der von Are wiedergegebenen Erzählung.

Der Text des Kojiki gliedert sich in drei Teile, denen ein kurzes Vorwort von Ō no Yasumaro vorangeht, in welchem er die Entstehungsgeschichte des Werkes beschreibt und dessen Aufbau sowie einige der schriftlichen Eigenarten erklärt. Der erste Teil reicht vom Beginn des Himmels und der Erde und den Koto Amatsukami bis zur Geburt des Jinmu-Tennō. Der zweite Teil beschreibt den Verlauf der kaiserlichen Familie über die Zeit der ersten 15 Kaiser vom Jinmu-Tennō bis zum Ōjin-Tennō. Im dritten Teil wird der weitere Verlauf der Familiengeschichte vom Nintoku-Tennō bis zur 33. Kaiserin, Suiko-Tennō, beschrieben.

N I H O N   S H O K I

Das Nihon shoki ist das zweitälteste überlebende literarische Werk Japans und außerdem die erste von sechs Chroniken der japanischen Mythologie und Historie, die im achten und neunten Jahrhundert am kaiserlichen Hof geschrieben wurden, von denen alle eine unterschiedliche Zeitperiode behandeln. Es unterscheidet sich in vielerlei Hinsicht vom Kojiki: Während das sino-japanisch geschriebene Kojiki für Leser innerhalb Japans vorgesehen war, war das in klassischem Chinesisch verfasste Nihon shoki als Nationalchronik gedacht, die auch anderen Völkern präsentiert werden kann.

Das Kojiki basiert zudem auf Quellen, die innerhalb der kaiserlichen Familie weitergegeben wurden, wohingegen das Nihon shoki seine Informationen auch aus Quellen von außerhalb zieht. Darüber hinaus werden die historischen Angaben im Nihon shoki als näher an der tatsächlichen Realität eingeschätzt. Dies steht im starken Gegensatz zum Kojiki, welchem ein zusammenhängender, ungebrochener mythologischer Erzählstrang wichtiger ist als eine genaue Orientierung an historischen Fakten. Zuletzt unterscheiden sich beide Werke auch darin, dass das Nihon shoki, was den historischen Aspekt angeht, ausführlicher ist als das Kojiki, welches historische Begebenheiten eher vereinfacht und mit Mythen ausschmückt. Jedoch lässt es einige mythologische Erzählungen aus, vermutlich, da diese für den historischen Kontext des Werkes nicht relevant genug sind.

Anders als bei den drei Abschnitten des Kojiki (einen Text in drei Teile, einen „oberen", einen „mittleren" und einen „unteren", zu unterteilen, ist in der klassischen japanischen Literatur weitverbreitet) besteht das Nihon shoki aus 30 Kapiteln. Nur die ersten beiden erzählen vom Zeitalter der Kami und schon das dritte beginnt mit dem Jinmu-Tennō. Die weiteren Kapitel reichen bis zur 41. Kaiserin, Jinō-Tennō, wobei nicht immer jedem Tennō ein einzelnes Kapitel gewidmet ist, da gelegentlich zwei oder drei von ihnen in einem gemeinsamen Kapitel zusammengefasst werden und sich die Zeit des Tenmu-Tennō sogar über zwei Kapitel erstreckt, was mit seiner Bedeutung für das Zustandekommen des Kojiki zusammenhängen könnte.

Dem 39. Kaiser, Kōbun-Tenno ist überhaupt kein Kapitel gewidmet, da seine Regierungszeit nur einige Monate andauerte. Ein besonderer Fall tritt relativ früh im Text ein: Nach dem dritten Kapitel, das vom ersten Kaiser handelt, ist die fast fünf Jahrhunderte lange Zeitperiode (581 bis 98 v. Chr.) vom zweiten bis zum neunten Kaiser in einem einzigen Kapitel zusammengefasst, in welchem nur sehr grobe Rahmendaten zu ihrem Leben und ihrer Herrschaft aufgezählt werden. Dies könnte damit zusammenhängen, dass sie alle als absolut mythologisch gelten und in keiner Weise belegt sind. Zwar gilt dies auch für den Jinmu-Tennō, doch dieser ist, im Gegensatz zu seinen kesshi hachidai (wörtlich „acht Kaiser ohne Chronik") genannten Nachfolgern, zu wichtig. Erst der Sujin-Tennō, der gleichzeitig der erste Tennō mit historischen Belegen ist, erhält wieder ein eigenes Kapitel.

In den Kapiteln werden nicht wie im Kojiki fast ausschließlich die Erlebnisse der kaiserlichen Familie dokumentiert, sondern auch umfassendere Berichte über das Ergehen Japans zu ihren Regierungszeiten einbezogen. Die Kaiser werden nicht ausschließlich heldenhaft dargestellt; genauso wie über die Tugenden der guten Kaiser wird auch über die Verfehlungen der schlechteren Kaiser Bericht erstattet. Auch der Kontakt Japans mit dem Ausland wird dokumentiert. Die Entstehungsgeschichte des Kojiki ist ebenfalls im Nihon shoki enthalten. Für den Zeitraum von 661 bis 697 gilt es als historisch akkurates Dokument, der Rest des Werkes wird als unterschiedlich wahrheitsgemäß eingeschätzt.

Andere Mythologien innerhalb Japans

BUDDHISTISCH-SHINTŌISTI-SCHER SYNKRETISMUS

Nach der Etablierung des Buddhismus in Japan nahm die shinbutsu-konkō (wörtlich „Kami-Buddha-Vermischung") genannte Vereinigung des Shintō mit dem über China importierten Buddhismus ihre Anfänge. So entstand in mancher Hinsicht eine Mischform aus Elementen des Buddhismus und des Shintō. Der Fachbegriff für eine solche Vermischung lautet Synkretismus. Ein Phänomen dieser Verbindung waren mancherorts die sogenannten Schreintempel aus Shintō-Schreinen und buddhistischen Tempeln oder die Popularisierung von Schrein-Mönchen, die als buddhistische Mönche in den meisten Shintō-Schreinen anwesend waren. Auch, wenn die shinbutsu-bunri („wörtlich Kami-Buddha-Teilung") im 19. Jahrhundert wieder für eine Trennung sowie allgemein für eine Verringerung des buddhistischen Einflusses in Japan sorgte, sind auch heutzutage noch manche Einflüsse der shinbutsu-konkō gegenwärtig. Dazu zählt auch die Assoziation verschiedener Kami aus der Shintō-Mythologie mit buddhistischen Gottheiten. Diese wurden entweder als identisch mit den jeweiligen im Buddhismus verehrten Gottheiten oder als andere Inkarnationen bzw. Manifestationen von ihnen betrachtet.

Eines der bekanntesten Beispiele dafür ist, dass vier der buddhistischen „sieben Glücksgötter" (Jap. Shichifukujin) noch immer mit bestimmten Kami assoziiert werden. Ebisu, Gott der Angler und des Fischfangs, wird üblicherweise als identisch mit Hiruko, dem ersten Sohn von Izanagi und Izanami betrachtet, der, nachdem er von ihnen auf dem Meer ausgesetzt worden war, von den ersten in Japan lebenden Menschen gefunden wurde, die sich um ihn kümmerten. Nachdem er einige Strapazen überstanden hatte, sollen sich seine bei der Geburt vorhandenen Fehlbildungen geheilt haben, sodass er zwar immer noch mit leicht gebeugter Körperhaltung, aber dafür mit einem auffälligen Lächeln dargestellt wird.

Es existieren auch andere Überlieferungen, denen zufolge Ebisu mit Kotoshironushi, einem der Söhne des Ōkuninushi, identisch ist. Daikokuten, Gott der Küche, des Reichtums und der Fruchtbarkeit, gilt als identisch mit Ōkuninushi, da beide mit demselben Ort in Japan assoziiert werden und häufig als einen Sack auf dem Rücken tragend und in Begleitung einer Maus dargestellt werden. Auch bestehen Gemeinsamkeiten in ihrer Schreibweise. Benzaiten, Göttin der Kunst, der Musik und der Beredsamkeit, wird als Essenz des Ugajin, Kami der Ernte und Fruchtbarkeit, betrachtet. Häufig wird sie mit seinem Abbild über ihrem Kopf dargestellt. Bishamonten, Gott des Kriegsglücks, wird mit Hachiman assoziiert, dem nach seinem Tod zum Kami gewordenen Ōjin-Tennō. Auch Hachiman steht mit Erfolgen in Schlachten in Verbindung.

MYTHOLOGIE DER AINU

Die Ainu sind die Ureinwohner der nördlichsten japanischen Insel Hokkaidō und der Region Tōhoku auf der Hauptinsel Honshū. Darüber hinaus sind sie auch in einigen Gebieten im Osten des heutigen Russlands heimisch. Sie gehören einer anderen ethnischen Gruppe an als die heutigen Japaner und besitzen eine eigene, nicht mit dem Japanischen verwandte Sprache. Historisch befanden sie sich des Öfteren im Konflikt mit den Japanern, von denen sie, wie viele indigene Völker weltweit, unterdrückt wurden.

Erst seit 2008 werden sie in Japan als indigenes Volk mit eigenständiger Kultur anerkannt. Da viele Ainu in der Vergangenheit und auch heute noch isoliert von der japanischen Bevölkerung leben, ist es kaum überraschend, dass sie auch eine eigene Mythologie besitzen. Über diese ist bei Weitem nicht so viel bekannt wie über die der Japaner, was einerseits damit zusammenhängt, dass die Ainu, genau wie die Japaner, für lange Zeit kein Schriftsystem besaßen und Mythen rein mündlich überliefert wurden. Werke wie das Kojiki und das Nihon shoki gab und gibt es bei den Ainu nicht. Durch die Unterdrückung und Gewalt, die die Ainu von den Japanern erfuhren, ging ihre Bevölkerung zurück, sodass ihr Volksglaube heute kaum noch praktiziert wird, was die Beschäftigung damit ebenfalls erschwert.

Die Mythologie der Ainu besitzt Gemeinsamkeiten mit der japanischen, so ist etwa von geistigen, spirituellen Wesen die Rede, die in der Sprache der Ainu als Kamuy bezeichnet werden. Nicht nur der Name weist Ähnlichkeiten mit dem japanischen Begriff Kami auf. Auch die Eigenschaften der Kamuy ähneln diesen, sind jedoch nicht identisch. Zudem erwähnt eine Version des Schöpfungsmythos der Ainu ein himmlisches Paar namens Ae Oyna Kamuy und Turesh, das zur Erde kommt und deren Sohn der erste Ainu ist. Dass Ae Oyna Kamuy einen Speer mit sich führt, ist eine auffällige Parallele zu Izanagi und Izanami.

Ein bedeutender Bestandteil der Ainu-Mythologie, der in der japanischen Mythologie nicht zu finden ist, ist die wichtige Rolle des Bären, welche sich in einem Bärenkult, d. h. der rituellen Verehrung von Bären, widerspiegelt. Es wird häufig davon erzählt, wie die Kamuy in der Welt der Menschen in Bärengestalt auftreten und nur in ihrer eigenen Welt ihre wahre Gestalt annehmen. In einer Version des Schöpfungsmythos der Ainu wird der Bär auch als ursprünglicher Vorfahre der Ainu erwähnt, was vermutlich daran liegt, dass die Ainu eine stärker ausgeprägte Körperbehaarung besitzen als andere Völker.

VOLKSERZÄHLUNGEN UND URBANE LEGENDEN

Ebenfalls zu erwähnen sind die in Japan verbreiteten Volkserzählungen und urbanen Legenden. Diese sind oftmals nicht klar von der eigentlichen Mythologie abzugrenzen. Sie enthalten üblicherweise keine Schilderungen der Kami, beziehen aber bestimmte Symboliken oder andere Elemente ein, die durch die japanische Mythologie etabliert wurden. So handelt etwa die Geschichte von Momotarō von einem Jungen, der aus einem Pfirsich schlüpft und von einem kinderlosen Paar als Sohn aufgezogen wird. Die wichtige Rolle des Pfirsichs in der japanischen Wahrnehmung hängt, wie weiter oben geschildert, mit seiner Rolle bei der Flucht Izanagis aus der Unterwelt zusammen.

Die Geschichte von Urashima Tarō erzählt von dem gleichnamigen jungen Fischer, der eine Schildkröte vor einer Gruppe anderer Kinder rettet, die sie zum Spaß quälen. Es stellt sich heraus, dass die Schildkröte in Wirklichkeit die Prinzessin eines unter dem Meer liegenden Königreiches ist und als Belohnung für die Rettung wird er am nächsten Tag von ihr in ihren Palast eingeladen. Dort tritt sie ihm in menschlicher Gestalt gegenüber und die beiden heiraten. Nachdem er, aus seiner eigenen Sicht, nur einige Tage bei ihr verbracht hat, bekommt er Heimweh und möchte in seine Heimat zurückkehren. Die Prinzessin willigt zögernd ein und gibt ihm eine Schatulle mit auf den Weg, warnt ihn aber gleichzeitig, sie niemals zu öffnen.

An Land angekommen stellt er schnell fest, dass seine Familie, seine Freunde und alle anderen Menschen, die er kannte, nicht mehr da sind und stattdessen in seinem Haus und seinem Heimatort Menschen leben, die ihm fremd sind. Als er einen vorbeiziehenden Mann fragt, ob er von einem jungen Mann namens Urashima Tarō gehört hat, antwortet dieser, dass der Junge vor hunderten von Jahren im Meer verschwunden sei.

Entsetzt und traurig darüber, dass er mehrere hundert Jahre abwesend war, öffnet er die Schatulle. Er beginnt dadurch plötzlich zu altern und verwandelt sich in einen alten Mann mit einem langen weißen Bart. In der Schatulle befanden sich all die Lebensjahre, die er im Unterwasserpalast verbracht hatte. Dadurch, dass sie eingeschlossen waren, blieb er von ihren Auswirkungen verschont und durch das Öffnen zeigten sie in rapider Geschwindigkeit ihre Wirkung. Am Boden der Schatulle findet er eine Feder. Er nimmt sie an sich, wird von ihr in einen Kranich verwandelt und fliegt davon.

Trotz einiger Unterschiede lassen sich klare Parallelen zur mythologischen Geschichte des Hoori erkennen. Sowohl Hoori als auch Urashima Tarō heiraten als Fischer eine Frau, die aus einer Welt unter dem Meer stammt, und erhalten von ihr einen übernatürlichen Gegenstand. Beide werden von ihren Ehefrauen explizit gewarnt, etwas Bestimmtes nicht zu tun: Hoori soll Toyotama-hime während der Geburt nicht ansehen und Urashima Tarō soll die Schatulle nicht öffnen. Doch durch ihre Neugier widersetzen sich beide der jeweiligen Bitte und müssen die Konsequenzen ihres Handelns tragen:

Hoori verliert seine Partnerin und Urashima Tarō verliert seine Jugend bzw. seine Lebenszeit. Auch der in der Geschichte vorkommende König des Meeres, Ryūjin, wird in manchen Traditionen als gleichbedeutend mit Watatsumi betrachtet. Weiterhin wird davon ausgegangen, dass der Name der Geschichte und vielleicht sogar ihre gesamte Existenz darauf zurückgeht, dass im 14. Kapitel des Nihon Shoki, lange nach der Erzählung von Hoori, nebenbei erwähnt wird, dass ein Junge namens Urashima das Reich Watatsumis besucht und dort wundersame Dinge gesehen hat.

Umgekehrt haben auch Figuren aus japanischen Volkserzählungen Einfluss auf das Verständnis der Mythologie. Sarutahiko wurde für lange Zeit in künstlerischen Darstellungen als affenähnlich abgebildet, was an seinem Namen liegt und auch daran, dass sein Gesicht und sein Hinterteil als rot beschrieben werden. Die größer werdende Popularität der Tengu, geflügelte Fabelwesen mit langen Nasen, die Gegenstand vieler Volkserzählungen sind, sorgte aber dafür, dass Sarutahiko, der ebenfalls eine außergewöhnlich lange Nase besitzt, mit der Zeit immer häufiger mit einem äußeren Erscheinungsbild dargestellt wurde, das einem Tengu ähnelt.

Herstellung und Verlag:
BoD – Books on Demand, Norderstedt
ISBN: 9783755777939

© Tobias Kuhn 2021
1. Auflage
Kontakt: Psiana eCom UG/ Berumer Str. 44/ 26844 Jemgum
Covergestaltung: Fenna Larsson
Coverfoto: depositphotos.com